Was thut Deutschland
für
seinen Aussenhandel?

Ein Beitrag

zur

Frage der Errichtung eines deutschen
Reichs-Handelsmuseums.

Von

Dr. Paul Raché.

Berlin.
J. Guttentag, Verlagsbuchhandlung
G. m. b. H.
1899.

Die Notwendigkeit einer Reichs-Handelsstelle.

Die Bestrebungen, die sich neuerdings in Deutschland von verschiedenen Seiten geltend machen, eine grosse Zentralstelle zur Förderung des deutschen Aussenhandels zu errichten, ein Reichs-Handelsmuseum, wie man sich in Anlehnung an das Commercial Museum in Philadelphia nun einmal zu sagen gewöhnt hat, obgleich der Name Museum die Sache bei weitem nicht deckt, sind bereits älteren Datums. Schon 1883 hat sich der deutsche Handelstag mit der Frage beschäftigt, ohne dass es indessen damals zu irgend einem Resultat gekommen wäre. Auch die späteren gelegentlichen Anregungen blieben ohne Erfolg. Erst in allerjüngster Zeit hat sich in der weiteren Öffentlichkeit ein regeres Interesse für die Frage bemerkbar gemacht und zwar hauptsächlich auf die Agitation hin, die der Bund der Industriellen seit zwei Jahren in der Angelegenheit entfaltet. 1883 mochte die Einrichtung einer solchen Handelszentrale noch mit Recht als ein Luxus betrachtet werden, heute ist sie zu einer Notwendigkeit geworden, und die Zahl derjenigen, die die Nützlichkeit einer derartigen Institution verkennen, wird täglich kleiner. Der ungeahnte Aufschwung, den das Deutsche Reich in den letzten beiden Jahrzehnten und besonders seit 1893 als Industriestaat genommen, die Bedeutung, die sich der deutsche Handel gegenwärtig auf dem Weltmarkt erobert hat, die Stellung Deutschlands als zweite Welthandelsmacht unmittelbar nach England; die Erkenntnis, dass in dem Masse, wie die blutigen Zusammenstösse der Völker seltener werden, der Kampf auf wirtschaftlichem Gebiet in den Vordergrund gerückt wird und von Jahr zu Jahr an Schärfe zunimmt; die durch die zunehmende Technik der Verkehrsmittel stets intensiver werdende Konkurrenz auf dem Weltmarkt und die Hand in Hand damit gehende, stets wachsende Komplizierung des internationalen Handels; das immer mehr zunehmende Bestreben der grossen Kulturnationen, einen möglichst grossen Teil des Exporthandels an sich zu reissen: alles das lässt dringender als je die Notwendigkeit hervortreten, kein Mittel unbenutzt zu lassen, um unserem Handel auch für die Zukunft die hervorragende Stellung zu erhalten, die er gegenwärtig auf dem Weltmarkt einnimmt. Eine Unterstützung unseres Exporthandels ist um so dringender notwendig, als gerade jetzt im Ausland, besonders in England und Amerika, sich lebhafte Bestrebungen zur Förderung des nationalen Aussenhandels geltend machen und diese Bestrebungen in erster Linie darauf hinzielen, der unbequemen deutschen Konkurrenz wirksam zu begegnen.

Es ist ja allerdings richtig: Deutschland hat sich die ehrenvolle Stellung, die es auf dem Weltmarkt einnimmt, aus eigener Kraft geschaffen, ohne besondere staatliche Unterstützung, und der deutsche Überseehandel ist gross und stark geworden, lange bevor das Wort „Unsere Zukunft liegt auf dem Wasser“ gesprochen wurde. Und ich bin der Letzte, der den Grundsatz verkennt, dass keine, noch so ausgedehnte staatliche Unterstützung die private Initiative zu ersetzen imstande ist. Aber wie verschwindend gering ist heute nicht die Zahl derjenigen bedeutenden Handelshäuser, die aus eigener Kraft sich neue Absatzgebiete zu erschliessen vermögen, im Verhältnis zu der immer grösser werdenden Zahl der mittleren und kleinen Handelshäuser, die auch am Welthandel partizipieren und die sich nur in beschränkter Weise oder gar nicht den Luxus eigener Übersee-Reisenden, Spezialvertreter u. s. w. leisten können. Gerade der mittlere und kleinere Exporthandel wird sich mit besonderem Nutzen einer Institution bedienen, die ihn in den Stand setzt, der Konkurrenz des Auslandes wirksamer zu begegnen. Dass die Sache auch in sozialer Hinsicht ihren Vorteil hat, insofern, als sie der drohenden Monopolisierung des Exporthandels durch einzelne Weltfirmen entgegenarbeitet, sei nur nebenher erwähnt.

Vielfach wird denen, die für die Errichtung eines Reichs-Handelsamtes eintreten. entgegengehalten, dass ihr Beginnen eine Ängstlichkeit involviere, die bei dem gegenwärtigen Stande unserer Industrie und unseres Handels vollständig ungerechtfertigt sei. Die wirtschaftliche Konjunktur ist ja allerdings zur Zeit noch eine sehr günstige, und es liegen keinerlei Anzeichen vor, dass der grosse Rückschlag, den Pessimisten nun schon seit einem halben Dutzend Jahren als unmittelbar bevorstehend prophezeiten, in absehbarer Zeit eintritt. Aber wenn wir erst zu der Erkenntnis gekommen sind, dass das Wachsen des deutschen Aussenhandels nicht mehr gleichen Schritt hält mit dem Wachsen der heimischen Produktion, wird es mit den Vorbeugungsmassregeln zu spät sein. Diesem Gedanken gab kürzlich noch die Hamburger Handelskammer Ausdruck, die in der Einleitung zu ihrem 1898er Jahresberichte sagt:

> „Die innere Gesundheit des gegenwärtigen Aufschwunges zeigt sich darin, dass derselbe vorwiegend durch den Bedarf des Inlandes hervorgerufen ist, dessen Produktionskraft durch die Erweiterung bestehender und Begründung neuer Unternehmungen erheblich gestärkt wird. Allerdings legt dieser an sich günstige Umstand die ernste Mahnung nahe, den Verhältnissen des ausländischen Handels die sorgfältigste Berücksichtigung zu schenken, da, wenn die Ausfuhr mit den vermehrten Produktionsmitteln nicht gleichen Schritt halten sollte, ein Rückschlag in der wirtschaftlichen Lage Deutschlands und die daraus folgende Verminderung des inländischen Absatzes sich doppelt schwer fühlbar machen müsste."

Als übertriebene Ängstlichkeit kann die Errichtung eines deutschen Reichs-Handelsamtes um so weniger angesehen werden, als wir damit nur dem Beispiel des Auslandes folgen. Gerade der Staat, dessen Aussenhandel in den letzten Jahren einen Aufschwung genommen hat, der sogar den des Deutschen Reiches in den Schatten stellt, die nordamerikanische Union, hat auch zugleich am meisten zur Förderung des Exports gethan. In dem Handelsmuseum zu Philadelphia besitzen die Vereinigten Staaten eine so mustergiltige Institution zur Förderung des Exporthandels, wie kein anderes Land. Weder das Imperial Institute in London, noch das Office national du Commerce extérieur in Paris, noch das k. k. österreichische Handelsmuseum in Wien vermögen dem Philadelphia Handelsmuseum an die Seite gestellt zu werden. Das Handelsmuseum in Philadelphia besitzt nicht nur die grossartigste Mustersammlung, die gegenwärtig existiert, es hat vor allem in seinem kommerziellen Auskunftsamt eine Institution, deren Nutzen für den amerikanischen Exporthandel auf keiner Seite bestritten wird. Gerade die günstigen Erfahrungen, die man in Amerika mit dem Auskunftsamt gemacht hat, zeigen uns, worauf bei der Errichtung einer ähnlichen Institution in Deutschland das Hauptgewicht zu legen ist. Das wesentliche an dem Reichs-Handelsmuseum ist nicht das eigentliche Museum, die Mustersammlung, sondern das Auskunftsamt, und deshalb kann ich mich für die Bezeichnung Reichs-Handelsmuseum auch nicht sonderlich erwärmen. Sie erweckt den Verdacht, als ob die Mustersammlung die Hauptsache wäre und diskreditiert das ganze Unternehmen von vornherein, weil man vielfach geneigt ist, es auf eine nicht viel höhere Stufe zu stellen, als die verschiedenen bereits in Deutschland bestehenden sog. Handelsmuseen, deren praktischer Wert für den Export zumeist gleich Null ist. Sie befriedigen, wie beispielsweise das Handelsmuseum zu Frankfurt a. M., das „für fünfzig Pfennig Entree" jedermann zugänglich ist, die Schaulust einer uninteressierten Menge, während sie dem Exporteur schon aus dem Grunde nichts zu bieten vermögen, weil die mehr als ein Dutzend Jahre alten Muster für den heutigen Export kaum mehr in Betracht kommen können.

Der Umstand, dass der rasche Wechsel der Mode den Nutzen einer solchen Mustersammlung vielfach in Frage stellt, und die Schwierigkeiten, die mit einer stetigen Erneuerung der Muster verknüpft sind, haben zuweilen auch zu einer völlig ablehnenden Haltung gegenüber einer solchen Mustersammlung geführt. So hat das bereits erwähnte, im März 1898 gegründete französische Nationalamt für den auswärtigen Handel den Gedanken, mit dem Handelsamt ein Handelsmuseum zu verbinden, gänzlich fallen lassen. In der Begründung des Gesetzentwurfs, durch den das Office national du Commerce extérieur errichtet wird, heisst es mit Bezug darauf:

„Bezüglich der Rohstoffe erfüllen diese Museen sehr wohl ihren Zweck; was jedoch die Fabrikate anlangt, so kann man sich nicht die fast unüberwindliche Schwierigkeit verhehlen, diese Mustersammlung auf dem Laufenden zu erhalten in Anbetracht des schnellen Wechsels der Mode. Ein in einem fremden, selbst exotischen Lande mit Erfolg verkauftes Fabrikat ist in der voraufgegangenen Saison angefertigt worden; wenn es nachgemacht und von anderen Industriellen angeboten wird, hat es häufig aufgehört, dem früheren Käufer zu gefallen oder der ursprüngliche Fabrikant hat es vervollkommnet und schlägt mit Erfolg die Nachahmung aus dem Felde. Angesichts dieser Schwierigkeiten scheint es nicht angebracht, ein Zentral-Mustermuseum in Paris zu gründen, da die beträchtlichen Ausgaben, die dazu erforderlich sein würden, in keinem Verhältnis zu den Vorteilen stehen."

In Philadelphia hat man die Frage, ob die Kosten in einem vorteilhaften Verhältnis zu den Ausgaben stehen, nicht in so kleinlicher Weise behandelt, und der Erfolg ist nicht ausgeblieben. Trotzdem ist, wie gesagt, in Amerika nur eine Stimme, dass die Auskunftsabteilung des Philadelphia Handelsmuseums die ungleich wertvollere Einrichtung bietet.

Der Nutzen einer ähnlichen Institution für Deutschland liegt auf der Hand. Wenn heute ein deutscher Kaufmann einen bestimmten Artikel nach irgend einem überseeischen Platz exportieren und näheres über die Marktverhältnisse, Platzgebräuche, Frachtsätze, Verpackung u. s. w. erfahren will, so befindet er sich gewöhnlich in der grössten Verlegenheit, bei wem er sich Rat holen soll, besonders wenn sich in dem Bezirk, wohin er exportieren will, kein Berufskonsul befindet. In den meisten Fällen wird er sich an die Handelskammer seines Bezirks wenden, und nur in den wenigsten Fällen wird die Handelskammer in der Lage sein, seine Fragen zu beantworten. So teilt die „Deutsche Exportzeitung" in ihrer Nummer vom 20. Februar 1899 den folgenden bezeichnenden Fall mit:

„Eine Korbwarenmanufaktur in Koburg ersuchte uns Ende November v. Js. um Mitteilung darüber, „welcher Art Körbe nach Ostindien exportfähig bezw. dort konsumfähig sind". Wir wandten uns an das Reichsamt des Innern, an die Ältesten der Berliner Kaufmannschaft und an den Verein Berliner Kaufleute und Industrieller, um das gewünschte Material zu bekommen. Vom Reichsamt des Innern steht die Antwort heute noch aus, die Ältesten gaben uns, da „das Kollegium grundsätzlich derartige Anfragen Privater nicht zu erledigen in der Lage sei", ebenfalls keine direkte Auskunft, dagegen übernahm ein angesehenes Mitglied derselben unsere Anfrage „zur privaten Erledigung" und nannte uns eine Berliner Korbwarenfirma, welche „allein in der Lage sein dürfte, die erforderliche Auskunft zu geben". Ein Besuch in diesem Geschäft führte zu dem Ergebnis, dass die Firma den Export nach Ostindien längst eingestellt hat und uns zwei bedeutende Berliner Exporteure aufgab, die „sicher unterrichtet sein sollten". Indes auch bei diesen war nichts zu erfahren, was dem betreffenden Fabrikanten als Fingerzeig hätte dienen können.

Da kam als Retter in der Not der Bescheid des Vereins Berliner Kaufleute und Industrieller. Der Sekretär desselben teilte darin u. a. mit, dass für die deutsche Ausfuhr von Korbwaren nach Ostindien überwiegend die „feinen Korbflechterarbeiten" in Betracht kämen. Doch sei der Export verschwindend klein, zudem anscheinend im Rückgang begriffen. Er habe betragen

	grobe	feine
1897	1 dz = unter 500 Mk.	10 dz = 2000 Mk.
1896	3 „ = „ „ „	17 „ = 4000 „

während die Einfuhr feiner Korbwaren aus Ostindien sich während des gleichen Zeitraumes verdoppelt habe (1896: 6 dz = 2000 M., 1897: 16 dz = 4000 Mk.). Welche Artikel die nach Ostindien exportierten Korbflechterwaren im einzelnen umfassen, lasse sich jedoch vom Verein Berliner Kaufleute und Industrieller nicht feststellen.

Was war also das Facit der angestellten Nachforschungen? Etliche statistische Ziffern, mit denen der betreffende Fabrikant nichts anfangen kann. Er weiss heute noch nicht, welche Korbwaren er anfertigen lassen soll, um für Ostindien liefern zu können."

Und solche Fälle giebt es täglich zu Dutzenden. Sie fordern geradezu heraus zur Errichtung einer deutschen Zentralstelle für den Exporthandel!

Dass die Reichsregierung der Errichtung einer solchen Zentralstelle sympathisch gegenübersteht, ist eine Thatsache, die verschiedentlich in offiziösen Pressäusserungen ihren Ausdruck gefunden hat und auch in der letzten Generalversammlung des Bundes der Industriellen, wo diese Frage zur Erörterung stand, von dem anwesenden Regierungsvertreter ausdrücklich bestätigt wurde. Es mehren sich in erfreulicher Weise die Anzeichen, die darauf hindeuten, dass unsere Regierungskreise endlich anfangen, den Bedürfnissen des Handels mehr Rechnung zu tragen, als es bisher der Fall zu sein pflegte. Dass man endlich daran geht, wenigstens „Erwägungen" darüber anzustellen, wie unser bekanntlich recht reformbedürftiges Konsulatswesen sich den Bedürfnissen des Handels mehr anpassen lässt, ist immerhin eine erfreuliche Wendung zum Besseren, und dass sich im Etat des auswärtigen Amtes in diesem Jahre zum erstenmal der allerdings recht bescheidene Posten von 55000 Mk. vorfindet zur Entsendung von Handels-Sachverständigen in das Ausland, ist ein weiterer Beweis, dass man in offiziellen Kreisen die Notwendigkeit der faktischen und moralischen Stärkung unseres Aussenhandels nicht länger verkennt.

Reform des Konsulatswesens und Entsendung von Handelsattachés ins Ausland.

Was bisher offiziell zur Förderung des deutschen Aussenhandels gethan wurde, geschah durch die Berichterstattung der Konsuln, deren Hauptaufgabe neben den eigentlichen Konsulatsgeschäften ja auf handelspolitischem Gebiete liegen soll. Wie wenig aber die Thätigkeit der Konsuln im allgemeinen dem praktischen Handel Nutzen bringt, ist eine bekannte Thatsache, und die Klagen über die Reformbedürftigkeit des Konsulatswesens sind so alt wie unser Konsularkorps selber. Auch die Konsuln erstatten regelmässig ihre Handelsberichte, die in den dickleibigen Monatsbänden des „Deutschen Handelsarchivs" der Öffentlichkeit übergeben werden, aber der faktische Nutzen dieser Berichte ist ein höchst fragwürdiger. Die Zahl der Kaufleute, die überhaupt jemals den Versuch gemacht haben, die Veröffentlichungen des „Handelsarchivs" für ihre Zwecke zu benutzen, dürfte eine verschwindende sein. Und die meisten dürften es bei diesem ersten Versuch haben bewenden lassen, da es für den Kaufmann oft ein vergebliches Bemühen ist, sich in dem Wust von statistischem Material, mit dem die Berichte gewöhnlich vollgepfropft sind und die für ihn zumeist nicht den geringsten Wert besitzen, zurechtzufinden.

Die Berichte des Handelsarchivs sind wohl ein wertvolles Material für den wissenschaftlich gebildeten Mann, für den Statistiker oder Nationalökonomen, der gewohnt ist, in dickleibigen Kompendien nach einem Körnchen Wahrheit zu suchen, nicht aber für den Kaufmann, der sich schnell orientieren will und der am liebsten alles, was er braucht, in Adressbuchmanier vor sich haben möchte. Man vermisst in den Berichten das wünschenswerte Eingehen auf Details, selbständige Anregungen, Angabe von Mitteln, wie der heimische Handel durch den Export dieses oder jenes Artikels gehoben werden könne, kurz der ganze Bericht ist in den meisten Fällen eine trockene Aufzählung der Handelssituation, wie sie sich in den Augen des Konsuls darstellt, wie sie ist, nicht wie sie sein könnte, mehr ein wertloser Rückblick, als eine verheissungsvolle Perspektive. Die Konsuln sind eben zumeist gar nicht in der Lage, die Bedürfnisse der Interessenten zu kennen, weil ihnen jede direkte Berührung mit diesen fehlt. Diese vermittelnde Verbindung zwischen den Informationsbedürftigen und den Informationgebern könnte das neue Handelsamt bilden, das in den Stand gesetzt werden müsste, mit den auswärtigen Konsuln direkt zu verkehren und je nach den vorliegenden Bedürfnissen Spezialberichte einzufordern über diesen oder jenen Handelszweig.

Die Vorbedingung ist natürlich, dass die Konsuln überhaupt imstande sind, mit praktischem Blick die Bedürfnisse des Handels zu erkennen und nützliche Ratschläge zu erteilen. Ich will auf die vielerörterte Frage der Vorbildung der Konsuln hier nicht näher eingehen und die vielen Vorschläge, die in dieser Beziehung gemacht worden sind, nicht durch einige weitere vermehren, die die Sache vielleicht ebenso wenig fördern. Es scheint mir von sehr problematischem Wert zu sein, ob der künftige Konsul wirklich ein Jahr in einem grossen Exporthause oder auf dem Bureau einer grossen Handelskammer gearbeitet hat. Man kann die ganze Stufenleiter des Vorbereitungsdienstes durchgehen und doch ein herzlich schlechter Konsulatsbeamter bleiben, und man braucht nie die Bänke einer Universität gedrückt oder in eine Handelskammer hineingeguckt zu haben, und kann doch als Konsul dem Mutterlande wertvolle Dienste leisten. Die praktische Veranlagung, das offene Auge, der weite Blick, die nun einmal notwendig sind, um die Handelszustände eines Landes richtig beurteilen zu können, das ist es, worauf es in erster Linie ankommt. Jeder Bildungs-Schematismus erscheint mir schädlich. Wir können uns in dieser Beziehung ein Beispiel nehmen an den Engländern, die einen tüchtigen Mann zum Konsul machen, ohne viel danach zu fragen, ob er das zweite juristische Examen hinter sich hat oder nicht. Solange allerdings mit dem Assessorismus in unserem Konsulatswesen nicht gebrochen wird, solange nicht die Überzeugung eine allgemeine wird, dass die wirtschaftliche Seite der konsularischen Thätigkeit die juristische bei weitem überwiegt, solange werden auch die Klagen über die Reformbedürftigkeit unseres Konsulatswesens nicht enden.

Einen viel grösseren Nutzen indessen, als ihn unser Konsularkorps unter den gegenwärtigen Verhältnissen bietet, verspreche ich mir für den deutschen Aussenhandel durch die Entsendung von Handelsattachés, von Handelssachverständigen. Der Anfang ist ja, wie bemerkt, bereits gemacht dadurch, dass in dem Etat des auswärtigen Amtes für das Rechnungsjahr 1899 „zur Entsendung von Sachverständigen für Handelsangelegenheiten an kaiserliche Konsularämter“ 55000 Mk. gefordert werden. Als diejenigen Länder, die zuerst bei den Reisen der Handelsattachés in Betracht kommen sollen, werden in der Begründung der Etatforderung genannt die Vereinigten Staaten, Südamerika und die Türkei. Die Attachés sollen deshalb zunächst den Generalkonsulaten in New York, Buenos Ayres und Konstantinopel zuerteilt werden.

Das Institut der Handelsattachés besitzt England bereits seit langem. Diese Attachés sind den einzelnen Botschaften zugeteilt. Es existieren solche Handelsattachés in Paris (für Frankreich, Belgien und die Schweiz), in Berlin (für Deutschland, Holland und Skandinavien), in St. Petersburg (für Russland) und in Madrid (für Spanien und Portugal). Jetzt geht man in England mit dem Plane um, solche Handelsattachés auch für die Kolonieen und sonstige wichtige Auslandsplätze zu ernennen.

Die Frage der Heranbildung dieser Handelssachverständigen könnte etwa so gelöst werden, dass sie nach einem, durch ein bestimmtes Examen abzuschliessenden volkswirtschaftlichen — nicht spezifisch juristischen — Studium und — vielleicht — nach einer kürzeren Thätigkeit auf einer Handelskammer sofort einem auswärtigen Generalkonsulat als Eleven zuerteilt werden, um hier ihre theoretischen Kenntnisse nach der praktischen Seite hin zu vervollständigen. Der bei weitem geeignetere Vorbereitungsdienst im Inlande würde für diese zukünftigen Handelssachverständigen allerdings eine etwa einjährige Beschäftigung in dem zu erstrebenden Handelsamt bilden. Hier, als bei dem Bindeglied zwischen der inländischen Produktion und dem überseeischen Handel, würden sie am ehesten imstande sein, die Bedürfnisse des Handels kennen zu lernen, praktisch zu überschauen, inwieweit die von den Konsuln bezw. den Handelssachverständigen eingesandten Berichte dem Handel des Heimatlandes nützen und inwieweit nicht, kurz sie würden für ihre zukünftige Thätigkeit hier eine Grundlage erhalten, wie sie ihnen die Elevenzeit an keiner Handelskammer, in keinem Exporthause so umfassend bieten kann. Auch könnte mit dem Handelsamt eine Exportakademie verbunden werden, eine Art kaufmännische Hochschule, wie wir sie in der Exportakademie des österreichischen Handelsmuseums in Wien besitzen (vgl. S. 33). Die Absolvierung dieser Exportakademie, die das Studium an der Universität entbehrlich machen müsste, würde die denkbar vollkommenste Vorbereitung für den Beruf eines Handelssachverständigen abgeben.

Diese Handelssachverständigen sind das Holz, aus dem die richtigen Konsuln geschnitzt werden können, die Konsuln, wie sie sich der Handelsstand wünscht. Wer da weiss, wie verhältnismässig selten der Konsul in die Lage kommt, seine juristischen Kenntnisse zu verwerten, während sich seine kaufmännische und handelspolitische Unkenntnis auf Schritt und Tritt offenbart, wird es viel vernünftiger finden, wenn der Handelssachverständige nach aussen hin als Konsul auftritt und ihm ein Assessor zur Erledigung der belanglosen juristischen Seite des Konsulatsdienstes attachiert wird, als dass das Verhältnis umgekehrt ist. Es ist in diesem Falle auch völlig gleichgiltig, wenn der Konsulatsassessor, der seine Beschäftigung beim Konsulat ja doch nur als eine Art Übergangsstadium zur höheren diplomatischen oder Verwaltungs-Carrière auffasst, innerhalb drei Jahren von Shanghai nach Montevideo und von Uruguay nach Russland versetzt wird, während bei unserem jetzigen Konsulatssystem gerade dieser öftere und plötzliche Wechsel als eines der Hauptübel angesehen wird.

Dem Handelssachverständigen fällt in erster Linie die Aufgabe zu, an einem bestimmten Handelsbezirk die Marktverhältnisse, die Gewohnheiten und Bedürfnisse der Bevölkerung zu studieren. Er würde sich durch die jahrelange Beschäftigung mit seiner speziellen Aufgabe eine besondere Fähigkeit aneignen, mit raschem Blick herauszufinden, wo der Exporthandel vorteilhaft einsetzen kann und er ist am ehesten imstande, dem deutschen Exporteur nützliche Winke zu erteilen. Er würde Vergleiche anstellen zwischen den Waren, die von Deutschland importiert werden, und denen, die andere Länder einführen, er würde Muster sammeln von Waren, die das Ausland verkauft und von denen er glaubt, dass sie sich auch vorteilhaft in Deutschland würden herstellen lassen, und er würde diese Muster mit den nötigen Ratschlägen an das Handelsamt in Deutschland senden, das wieder mit den Fabrikanten in Verbindung treten und aut die neue Exportgelegenheit aufmerksam machen würde. Die Fabrikanten könnten sich dann wieder mit dem betreffenden Sachverständigen direkt ins Einvernehmen setzen, neue Auskünfte einfordern u. s. w.

Man darf dabei natürlich nicht erwarten, dass der Handelssachverständige etwa die Rolle eines Handlungsreisenden oder speziellen Agenten der betreffenden Firma ausfüllen könne. Die Thätigkeit des Sachverständigen ist eine weit umfassendere, als die des Reisenden, der mit einer eng begrenzten Aufgabe betraut ist und der Kenntnisse von Details in seiner Branche besitzt, die dem Sachverständigen abgehen müssen. Der Sachverständige kann aber dem Reisenden von Nutzen sein durch das Erteilen von Informationen allgemeiner Art, wie überhaupt das Zusammenarbeiten beider für den Handel erst den rechten Nutzen bringen dürfte. Überdies könnte der Sachverständige dem Reisenden so manchen guten Wink geben über Dinge, die sich in einem für die grössere Öffentlichkeit bestimmten Bericht nicht gut erteilen lassen.

Es ist selbstverständlich, dass der Sachverständige sich von jeder eigenen kaufmännischen Thätigkeit fernhalten muss.

Wir wissen, wie sehr die kaufmännischen Konsuln mit dem Misstrauen der übrigen Kaufmannschaft zu kämpfen haben. Und so dringend wünschenswert es ist, dass unser Konsularkorps nur aus Berufskonsuln besteht, so notwendig ist es, dass der Handelssachverständige nur Beamter ist. Für das Reich erwächst dann allerdings auch die Verpflichtung, diese Handelssachverständigen angemessen zu bezahlen. Anderenfalls liegt die Versuchung, die erworbenen Kenntnisse in eigener Thätigkeit zu verwerten oder den Anerbietungen grosser Handelshäuser zu folgen, bedenklich nahe.

Handelskammern im Auslande.

Ein weiteres Mittel zur Hebung des Exporthandels ist die Errichtung von deutschen Handelskammern im Auslande. Es ist unbegreiflich, dass man sich in Deutschland noch nicht zur Nachahmung dieser von fast allen anderen Exportländern erfolgreich angewendeten Einrichtung hat verstehen können. Nach der Palästinareise des deutschen Kaisers, als man von unserem Handel nach der Levante einen bedeutenden Aufschwung erwartete, war zwar vielfach die Rede von der Errichtung einer deutschen Handelskammer in Konstantinopel. Aber es blieb bei der Anregung, und die Sache schlief wieder ein. In Konstantinopel hatte Österreich bereits 1870 eine Handelskammer eingerichtet, die erste ausländische Handelskammer, und war damit vorbildlich geworden für die grosse Zahl der ausländischen Handelskammern, die seitdem von England, Frankreich, Italien, Belgien, Spanien, Holland u. s. w. errichtet wurden. Und so haben wir denn die betrübende Thatsache zu verzeichnen, dass, während beispielsweise in London allein sieben Handelskammern fremder Mächte bestehen, nämlich eine französische, belgische, österreichische, italienische, holländische, nordamerikanische und spanische, Deutschland, die zweite Handelsmacht der Welt, nicht eine einzige offizielle Handelskammer im Auslande besitzt! Die einzige deutsche Handelskammer im Auslande, die in Brüssel, verdankt privater Initiative ihr Entstehen.

Auf die Notwendigkeit der Errichtung solcher ausländischer Handelskammern ist wiederholt hingewiesen worden. Zuletzt in der Schrift von Vosberg-Rekow: „Die Reform des Konsulatswesens“. Auch der deutsche Handelstag hat sich bereits vor einem Jahrzehnt mit dieser Frage beschäftigt und einem dahingehenden Antrage zugestimmt, aber ebenfalls der Frage kein tieferes Interesse entgegengebracht.

Der Nutzen von ausländischen Handelskammern ist namentlich von Frankreich und England erkannt worden, welche das Institut der Auslandskammern in ganz besonderem Maasse pflegen. Seit 1872 besitzt Grossbritannien in Paris eine Handelskammer, die einen Weltruf geniesst. Sie umfasst die vornehmsten englischen Firmen in Paris und in Frankreich. Bei dem Abschluss von Handelsverträgen hat sie eine für das Mutterland äusserst segensreiche Wirkung entfaltet und fortgesetzt wirkt sie als berufene Vermittlerin zwischen den kommerziellen Bedürfnissen beider Länder, zwischen englischen Kaufhäusern und französischen Abnehmern, zwischen englischen Importeuren und der französischen Zollverwaltung.

Das Gegenstück zu der englischen Handelskammer in Paris bildet die französische Handelskammer in London, die, 1883 gegründet, von den in London bestehenden ausländischen Handelskammern die bedeutendste ist. Sie zählt gegenwärtig über 200 Mitglieder. Ihr Hauptzweck war und ist noch, jede Art von fachmännischen Erkundigungen für die französische Regierung einzuziehen, derselben auch aus eigenem Antriebe gemeinnützige Mitteilungen zu machen und Wünsche im Interesse des internationalen Handels auszudrücken. Ebenso wie England in allen seinen Kolonieen über ein dichtmaschiges Netz von Handelskammern verfügt, besitzt auch Frankreich im Auslande eine stattliche Anzahl (gegenwärtig 42) von Handelskammern. Bereits 1876 bestand eine französische Handelskammer in New Orleans, der bald solche in Montevideo, Barcelona, Konstantinopel, Mexiko, Alexandrien, Liverpool, Mailand, Rio, Athen, Lissabon, Amsterdam und anderen Orten folgten. Die französischen Handelskammern haben ihr Arbeitsfeld sehr ausgedehnt. Sie geben auch, wie Vosberg-Rekow in seiner citierten Schrift berichtet, Auskunft über Kreditverhältnisse, vermitteln die Anstellung von Agenten und dringen im Falle des Bedürfnisses auf die Einfuhr neuer Warengattungen, neuer Geschmacksmuster und dergleichen mehr. Auch senden sie selbst einzelne Warenproben und ganze Musterkollektionen in die Heimat. Mit den Inlandskammern stehen sie fortlaufend in regem Verkehr. Italien hat ebenfalls trotz seiner ungünstigen finanziellen Lage keine Mittel gescheut, um den heimischen Export durch Errichtung solcher Handelskammern zu fördern.

Unter diesen Umständen muss es Wunder nehmen, dass die deutsche Regierung noch immer nicht den Wert solcher Kammern anerkannt hat und allein hinter den übrigen Ländern zurückbleibt. Und doch sollte allein das Beispiel der privaten deutschen Handelskammer in Brüssel der Regierung und dem deutschen Handelstag die Augen öffnen. Die deutsche Handelskammer in Brüssel, die am 12. Januar 1894 gegründet wurde, hat in den fünf Jahren ihres Bestehens eine so erspriessliche Thätigkeit entfaltet, dass alle Exporteure, die mit Belgien arbeiten, ihre verdienstvolle Wirkung anerkennen. Die Handelskammer in Brüssel kann vorbildlich werden für die Errichtung weiterer deutscher Auslandskammern. Ihrem Hauptziel, „die Gesamtinteressen des deutschen Handels und der deutschen Industrie nach Kräften zu fördern unter besonderer Berücksichtigung und ohne Gefährdung der Interessen der in Belgien ansässigen Deutschen", ist sie stets gerecht geworden. Sie hat das um so mehr gekonnt, als der Grundsatz, jede politische Frage auszuschliessen, streng durchgeführt wurde.

Die deutsche Handelskammer in Brüssel erteilt Gutachten über die auf deutsche Interessen in Belgien bezughabenden Fragen, vornehmlich:

a) über eventuell wünschenswerte Veränderungen der Zollverhältnisse, namentlich bei der Erneuerung von Handelsverträgen;
b) über eventuell wünschenswerte Veränderungen in der Organisation der Verkehrsmittel (Eisenbahnen, Telegraph, Telephon, Schiffstransporte u. s. w.).

Die Handelskammer beantwortet jede in ihr Feld fallende Frage, die seitens eines Interessenten an sie gerichtet wird. Sie richtet Anträge an alle kompetenten Behörden oder Korporationen jedesmal, wenn es das Interesse des deutschen

Handels oder der deutschen Industrie oder das eines einzelnen deutschen Handels- oder Gewerbetreibenden verlangt. Sie zieht alle Erkundigungen ein, welche für den deutschen Handel und die deutsche Industrie in Belgien von Nutzen sein können und macht davon an geeigneter Stelle Mitteilung, vornehmlich:

a) über die kommerzielle Gesetzgebung Belgiens und deren eventuelle Abänderungen;

b) über das kaufmännische Benehmen der fremden Konkurrenz in Belgien und die eventuellen Fälschungen oder Nachahmungen deutscher Artikel.

Die Erfolge, die die deutsche Handelskammer in Brüssel erzielt hat, hat sie erzielt ohne die Hilfe, ja ohne die fördernde Teilnahme der deutschen Regierung. Das Gewicht einer solchen Handelskammer würde natürlich noch ein ganz anderes sein, sobald sie einen offiziellen Charakter hat, sobald die deutsche Regierung hinter ihr steht.

Das Handelsmuseum zu Philadelphia.

Die Thätigkeit der ausländischen Handelskammern und insbesondere der Handelssachverständigen wird natürlich nur dann eine besonders erspriessliche sein für unseren Handel, wenn sie sich in innigem Einklang mit der heimischen Exportcentrale befindet. Da für die Errichtung einer solchen Centrale das Handelsmuseum in Philadelphia thatsächlich das am meisten nachahmenswerte Institut ist, verlohnt es sich, auf seine Einrichtung etwas näher einzugehen.

Die Anregung zur Gründung des Museums gab die Chicagoer Weltausstellung im Jahre 1893. An 50000 Muster, die bei dieser Gelegenheit erworben wurden, bildeten den Grundstock jener grossartigen Mustersammlung, die gegenwärtig alle anderen existierenden Mustersammlungen und Museen übertrifft. Der Geldpunkt spielt ja in Amerika bei weitem nicht die Rolle, wie in anderen Ländern, wenn es sich um die Errichtung und Förderung eines neuen grossen Unternehmens handelt, und so sind denn die Hilfsmittel, über die das Handelsmuseum in Philadelphia verfügt, auch äusserst reich bemessen. In erster Linie zeigte sich die Stadt Philadelphia selber dem Unternehmen gegenüber sehr freigebig. Sie giebt eine Jahressubvention, die bisher von Jahr zu Jahr gewachsen ist. 1896 betrug dieselbe noch 75000 Dollar, für das Jahr 1899 sind von der Munizipalität von Philadelphia bereits 115000 Dollar an Unterhaltungskosten für das Museum bewilligt worden.

Die Stadt hat dem Museum ausserdem einen Landkomplex, ca. 56 Morgen gross, vermacht. Hier beabsichtigt man, grössere Gebäude aufzuführen, für welchen Zweck der Kongress sowohl als der Staat Pennsylvania und die Stadt Philadelphia bedeutende Summen bewilligt haben, deren Gesamtbetrag sich auf über 600000 Dollar beläuft. Eine weitere nicht unbeträchtliche Einnahmequelle für das Museum bilden die Beiträge der ordentlichen Mitglieder. Der Jahresbeitrag beträgt 50 Dollar und das Museum zählte Ende 1898 bereits über 1000 Mitglieder.

Das Museum arbeitet, wie man sieht, mit Summen, wie sie sich in Deutschland für ein derartiges Unternehmen nur schwer würden zusammenbringen lassen, und doch stehen die Kosten, wie die amerikanischen Fabrikanten einmütig bestätigen, in keinem Verhältnis zu dem grossen Vorteil, den der gesamte amerikanische Exporthandel aus dieser Einrichtung zieht.

Die Leitung des Museums befindet sich in den Händen eines Aufsichtsrates, zu welchem Beamte der Stadtverwaltung, des Staates und angesehene Privatleute, im Ganzen 22 Mitglieder zählen.

Die Hauptzwecke, die das Museum verfolgt, sind folgende:

1. Von allen Teilen der Welt umfassende und eingehende Auskunft über Handelsbedingungen und Handelsbeziehungen zu sammeln und für Geschäftsleute unmittelbar nutzbar zu machen.
2. Fabrikate von anderen Ländern auszustellen, damit die Fabrikanten der Vereinigten Staaten sich gut unterrichten können über die Anforderungen der Märkte, auf denen sie möglicherweise Eingang finden können.
3. Muster von all den mannigfaltigen Erzeugnissen der Welt den Fabrikanten, Händlern und Konsumenten der Vereinigten Staaten zugänglich zu machen, damit sie diejenigen, die für sie von Nutzen sind, kennen lernen und wählen können.
4. Diese Erzeugnisse in vollständiger Weise zu untersuchen, analysieren und erproben und solche Mitteilungen über sie zu veröffentlichen, die zu einer allgemeinen Kenntnis über ihre Brauchbarkeit führen können.

Was zunächst die Sammlungen anlangt, so bestehen dieselben aus zwei Hauptabteilungen, nämlich:

1. Rohprodukte.
   a) Geographisch geordnet.
   b) Monographisch geordnet.
2. Fabrikate.

Diese Sammlungen geben ein klares und vollständiges Bild über alle Erzeugnisse eines jeden Landes. An der Hand dieser Ausstellungsgegenstände kann jeder Interessent leicht herausfinden, welche besondere Waren jedes Land im Tauschhandel zu bieten hat.

Will sich z. B. jemand über den Handel Mexikos unterrichten, so findet derselbe in der mexikanischen Abteilung des Handelsmuseums Muster von Henequen, Maguey, Sisal und anderen im Handel vorkommenden Fibern; ferner Häute, Wollarten, Baumwolle der verschiedensten Distrikte; Gummi, Harz, alle Holzarten, Mineralien, Tabake u. s. w. Andere Länder sind in derselben Weise vertreten.

Im Falle sich jemand für einen besonderen Zweig von Rohprodukten interessiert, z. B. Wolle, Gerbrinde, Harz u. s. w., so findet er monographisch geordnet alle diese Produkte aus allen Teilen der Welt zusammen, so dass er mit Leichtigkeit Vergleiche anstellen kann.

Die Sammlungen von Rohprodukten werden insofern praktisch verwertet, als dieselben in den Laboratorien des Museums auf ihren industriellen Wert hin untersucht werden. Dem Museum sind viele Anerkennungsschreiben in dieser Beziehung zu teil geworden, und fast beständig treffen Muster von Export-Produkten aus allen Weltteilen ein, für die Auskunft über deren Wert auf amerikanischen Märkten gewünscht wird.

Nachdem das Museum die produktiven Eigenschaften eines Landes zur Schau gestellt hat, zeigt es auch die Verbrauchsfähigkeit desselben Landes durch Sammlungen solcher Artikel, welche regelmässigen Absatz in dem betreffenden Lande finden. Diese Muster sind von fachkundigen Beamten des Museums gesammelt und bestehen unter anderen aus: Webstoffen, Eisenwaren, Haushaltungsgegenständen, Messerschmiedwaren, Lebensmitteln, kurz allen Waren, die für die Einfuhr in fragliche Länder geeignet sind. Bei jedem

Muster ist angegeben, wo der Artikel fabriziert ist, was er kostet, wie er verkauft wird, wo er am besten Absatz findet u. s. w.

Besonders reichhaltig in der Mustersammlung ist Südamerika vertreten, namentlich Argentinien, Mexiko und Brasilien, ebenso Ostasien. Weniger gut vertreten sind die europäischen Länder, was bei der kurzen Zeit des Bestehens des Museums — die offizielle Eröffnung fand erst im Juni 1897 statt — auch nicht weiter Wunder nehmen darf.

Ferner verfügt das Handelsmuseum über eine reichhaltige Bibliothek der Handelslitteratur der Welt. Hier befinden sich hunderte von kommerziellen und technischen Zeitungen in mehr denn zwanzig Sprachen; Schiffahrts- und Marktberichte; Veröffentlichungen über Ein- und Ausfuhr aller Länder der Welt und die neuesten in Buchform erschienenen Veröffentlichungen über Handel, Schiffahrt, Eisenbahnwesen, Nationalökonomie u. s. w. Die meisten und wichtigsten dieser Zeitschriften und Bücher werden von sprachkundigen Beamten gelesen und jeder Artikel, der für den Handel von Wichtigkeit erscheint, wird in einen Zettelkatalog eingetragen, der die Wände eines grossen Saales füllt. Jede Eintragung geschieht doppelt: einmal in dem Fach des betreffenden Landes, auf das sie Bezug hat, und zweitens in dem Fach der betreffenden Industrie, so dass der Besucher sich durch Nachschlagen sowohl über die ganzen Bedürfnisse eines Landes, wie über die Ausfuhrverhältnisse eines jeden bestimmten Artikels nach sämtlichen Ländern der Erde unterrichten kann. Eine fernere Abteilung des Zettelkatalogs enthält die von den vielen hundert Agenten des Museums eingeforderten, nach einem feststehenden Schema geordneten Berichte über die die Einfuhr eines jeden besonderen Artikels angehenden Einzelheiten (Verpackung, Fracht, Zoll, Platzgebräuche u. s. w.).

Der Hauptwert des Handelsmuseums besteht jedoch, wie bereits bemerkt, in der kommerziellen Auskunftsstelle. Die Auskunftsstelle steht, um das nötige Material stets bei der Hand zu haben, mit allen möglichen Handelskammern, Konsulaten und grossen Firmen der ganzen Erde in Verbindung. Sie unterhält eine regelmässige Korrespondenz in

17 Sprachen mit 30000 Firmen in den Vereinigten Staaten und mit 20000 Firmen im Auslande, ausserdem mit den eigenen bezahlten Agenten.

Jedem Gewerbetreibenden oder Fabrikanten irgend eines Landes steht es frei, das Museum um Auskunft über Handelsverhältnisse in den Vereinigten Staaten zu ersuchen. Das Handelsmuseum ist stets bereit, jede gewünschte Auskunft zu erteilen, möge sie den Verkauf irgend eines Artikels in den Vereinigten Staaten oder den Ankauf irgend welcher amerikanischer Waren zum Zweck haben. Die Antworten werden prompt, bereitwilligst und unentgeltlich erteilt.

Den Geschäftsleuten der Vereinigten Staaten erteilt das Auskunftsamt Nachweise über alle Märkte der Welt, und zwar in der denkbar weitgehendsten Weise. Spezifizierte Auskunft wird über jeden Handelsartikel gegeben, mag derselbe sein was er will. Will jemand Eisenwaren nach Mexiko verkaufen, so erhält er einen vollständigen Bericht über die Marktlage in den ihn besonders interessierenden Artikeln; es wird angegeben, was die verkäuflichsten Artikel sind, woher dieselben augenblicklich bezogen werden, in welchen Quantitäten sie gehen, zu welchen Preisen sie eingekauft und verkauft werden; was Fracht und Zoll kosten; wie die Verpackung beschaffen sein muss, und endlich, welches die besten Häuser sind, die den Vertrieb oder die Agentur der fraglichen Artikel übernehmen könnten. Diese Berichte werden zu einem Nominalpreise herausgegeben, welcher gerade genügt, die Kosten der Arbeit zu decken. Der Kaufmann, der beispielsweise Rohprodukte aus irgend einem Lande einführen will, erhält an der Hand der Sammlung, die sich in dem Museum befindet, durch das Informationsbureau alle wünschenswerte Auskünfte über die Preise des Rohprodukts im Ursprungslande, über die Art und Kosten des Transports, die günstigsten Bezugsbedingungen u. s. w.

Ich habe bereits bemerkt, dass das Office national du Commerce extérieur in Paris sich gegen die Errichtung eines Museums ausgesprochen hat. Welchen Nutzen aber eine solche Mustersammlung in Verbindung mit einem Informationsbureau hat, das zeigt so recht deutlich in Philadelphia das innige Zusammenarbeiten des Auskunftsamtes mit dem eigentlichen Museum. Ein Fabrikant will beispielsweise einen bestimmten Artikel auf den ausländischen Markt bringen. Das Auskunftsamt giebt ihm nicht nur Auskünfte über die Märkte, die für den betreffenden Artikel aufnahmefähig sind, über deren Handelsgebräuche, Preise, Frachtsätze u. s. w., es führt ihm zugleich an der Hand der Mustersammlung vor, was das Ausland in den betreffenden Artikeln leistet. Und auf Grund der Proben, die ihm vorgelegt werden, kann er sich kraft seiner speziellen Fachkenntnis am besten ein Urteil darüber bilden, ob er mit der Konkurrenz des Auslandes in seinem Artikel bestehen kann oder nicht und wohin er mit Aussicht auf Erfolg seinen Artikel exportieren kann und wohin nicht.

Das Informationsbureau erteilt seine Auskünfte:

1. an die Abonnenten bezw. Mitglieder des Museums, die durch ihren Jahresbeitrag von 50 Dollars das Recht freier Auskunftserteilung und der Zusendung aller periodisch veröffentlichten Informationen des Auskunftsamtes erworben haben;

2. an alle Fragesteller. Es hat sich die Regel gebildet, dass das Bureau, wenn möglich, auf alle Fragen von einer Seite, die sich zum erstenmal an das Handelsmuseum wendet, bereitwilligst umsonst Auskunft erteilt. Erst bei wiederholtem Anfragen erfolgt das Ansuchen an den Betreffenden, Mitglied des Museums zu werden;

3. an alle, die mündlich bei dem Auskunftsbureau anfragen, und zwar werden die mündlichen Auskünfte kostenlos erteilt.

Einen besonderen Wert legt das Informationsbureau auf die Sammlung eines reichhaltigen Adressenmaterials von Importeuren und Exporteuren der verschiedenen Industrieerzeugnisse in den einzelnen Ländern. Der Kaufmann, der in einem bestimmten Artikel in einem bestimmten Lande Geschäftsverbindungen anknüpfen will, erhält sofort die gewünschten Adressen. Nachstehend eine solche Adressenkarte des Philadelphia Handelsmuseums:

JNO. Y DRYSDALE Y CIA.

440—Calle Peru—450, Buenos Aires,
Argentine Republic.

General importers of iron, and manufacturers of iron, machinery, lumber, agricultural machines and implements, carriages, wagons, hardware of all kinds, wire, etc. Carry extensive stocks.

Agents for Walter A. Wood, Hoosick Falls, N.Y.; Ransome, Simes & Jeffries, England (seeders and ploughs), and other houses in United States and Europe. Branch houses: London, 16, St. Helens Place; Liverpool, 26, Chapel Street; New York, 66, Beaver Street.

One of the oldest and largest importing houses in the Argentine Republic.

Property of the Philadelphia
Commercial Museum.

Gerade von dem Philadelphia-Handelsmuseum ist in letzter Zeit viel die Rede gewesen, als es sich darum handelte, Delegierte zu entsenden zu dem für den 10. Oktober 1899 in Philadelphia von dem Museum zusammenberufenen internationalen Handelskongress. Es hat in Deutschland nicht an industriellen Kreisen gefehlt, die aus Unmut über die amerikanische Schutzzollpolitik oder Unkenntnis der Bedeutung des Handelsmuseums schnell mit einer ablehnenden Antwort auf die Einladung zur Teilnahme an dem Kongress bei der Hand waren und das Ganze kurzweg als „amerikanischen Schwindel“ bezeichneten. Erst die Veröffentlichung der sich über das Museum sehr günstig aussprechenden Berichte der deutschen Konsuln in Philadelphia und Chicago, sowie das anerkennende Urteil des früheren deutschen Botschafters in Washington, Frhr. von Thielmann, haben das Misstrauen gegen das Unternehmen in Philadelphia in manchen Kreisen zu zerstreuen vermocht. Die Zahl der Delegierten, die sich infolgedessen zur Teilnahme an den Kongressverhandlungen nach Philadelphia begeben haben, ist recht beträchtlich, und sie bringen hoffentlich nach eigener Anschauung der nützlichen Einrichtungen des Philadelphia-Handelsmuseums die Uberzeugung mit nach Hause, dass ein ähnliches Institut für Deutschland dem deutschen Exporthandel nur von grösstem Nutzen sein würde.

Das „Office National du Commerce Extérieur" in Paris.

Das französische Nationalamt für den auswärtigen Handel wurde laut Gesetz vom 4. März 1898 als eine Unterabteilung des Handelsministeriums errichtet. Nach Artikel 2 des Gesetzes ist der Zweck des Amtes, den französischen Industriellen und Kaufleuten kommerzielle Auskünfte jeder Art zu geben, die zur Entwicklung des auswärtigen Handels und zur Ausdehnung seines Absatzes in den fremden Ländern, den französischen Kolonieen und den Schutzgebieten beitragen können. Die Auskünfte sollen einen Anhaltspunkt dafür gewähren, welche Waren herzustellen oder zu verkaufen sind, und für welche Länder es vorteilhaft ist, Handlungsreisende zu entsenden oder Vertreter zu suchen. Seine eigene Belehrung schöpft das Amt aus den konsularischen Handelsberichten, den Rundschreiben und Verfügungen öffentlicher Behörden, den Mitteilungen der französischen Handelskammern im Inland und Ausland, sowie derjenigen ausländischen französischen Geschäftsleute, die der Handelsminister unter Verleihung des Ehrentitels „Conseillers du commerce extérieur de la France" für je fünf Jahre zu Korrespondenten des Amtes ernennt.

Der Etat des Office ist für das Jahr 1899 mit 150000 Frcs. angesetzt. Die Subvention, die das Handelsministerium leistet, beträgt 70000 Frcs. jährlich. Der Rest wird aufgebracht durch Zuwendungen von Privaten, industriellen Gesellschaften, Handelskammern, vor allem der Pariser Handelskammer, die für die Einrichtung des Office die Summe von 1100000 Frcs. gespendet hat. Den Aufsichtsrat des Office bilden 28 Mitglieder, Handelskammer-Präsidenten, Mitglieder der Pariser Handelskammer, der Direktor der Handelsabteilung im Handels- und Verkehrs-Ministerium, der

General-Zolldirektor im Finanz-Ministerium, der Direktor des Konsulatswesens im Ministerium des Auswärtigen, der General-Sekretär im Kolonial-Ministerium, der Direktor im Ministerium für Ackerbau und der Direktor des Office. Als Präsident des Office fungiert der jeweilige Handelsminister, Vice-Präsident ist der Vorsitzende der Pariser Handelskammer. Der Direktor des Office wird vom Handelsminister ernannt.

Dass sich das Office gegen die Errichtung eines Handelsmuseums ausgesprochen hat, wurde bereits berichtet. Dagegen wird es als eine sehr nützliche Thätigkeit des Office bezeichnet, zeitweise Ausstellungen von Warenproben zu veranstalten, beispielsweise um die für die Beförderung von Waren in bestimmte Gegenden zweckmässige Art der Verpackung kennen zu lernen.

Die amtliche Eigenschaft des Office setzt es in den Stand, sich direkt an die diplomatischen und konsularischen Vertreter Frankreichs im Auslande wegen Erteilung von Informationen zu wenden. Die Auskünfte und Berichte, die von den Konsuln, auswärtigen Handelskammern und besonders von den Conseillers du Commerce extérieur eingehen, werden im „Moniteur officiel du Commerce" veröffentlicht, dessen Redaktion das Office zu besorgen hat. Um wichtige Nachrichten dem Publikum indessen schneller zugänglich zu machen, ist eine neue Publikation geschaffen worden unter dem Titel „Informations et Renseignements de l'Office national du Commerce extérieur", die, wenn nötig, jeden Tag, mindestens aber zweimal in der Woche, der Tagespresse diejenigen Nachrichten übermittelt, die für das handeltreibende Publikum ein Interesse haben. Für diese, wie man sieht für die Öffentlichkeit sehr zweckmässige Einrichtung ist im Etat die Summe von 10000 Francs eingesetzt worden. Ausserdem veröffentlicht das Office Monographieen, in der alle neuen, einen bestimmten Industriezweig betreffenden Nachrichten zusammengestellt sind. Diese Monographieen sind den Interessenten gegen einen niedrigen Preis zugänglich.

Was die Thätigkeit des Auskunftsamtes anlangt, so teilt der erste Jahresbericht vom Januar 1899 folgendes mit: Es wurden in der Zeit vom Juli bis November 1898 im ganzen

8458 schriftliche und 1258 mündliche Auskünfte erteilt. Diese Zahlen sprechen für sich selber, besonders wenn man in Betracht zieht, dass das Office erst im März 1898 gegründet wurde. Das Einlaufen von ziemlich 70 Anfragen pro Tag so kurze Zeit nach Errichtung des Instituts ist der deutlichste und sprechendste Beweis dafür, dass seine Errichtung einem dringenden Bedürfnis entsprach.

Das Handelsmuseum in Wien.

Das k. k. österreichische Handelsmuseum in Wien wurde 1874 als „Orientalisches Museum" gegründet mit dem ausgesprochenen Zwecke, die Handelsbeziehungen zwischen der österreichisch-ungarischen Monarchie und den Ländern des Balkans und Kleinasiens zu fördern. Das Unternehmen war ein privates. 1887 wurde das Orientalische Museum in das jetzige halbamtliche Handelsmuseum umgewandelt, über dessen Zweck und Mittel die §§ 2 und 3 der Statuten folgendes besagen:

> Zweck der Gesellschaft ist die Förderung der Handelsbeziehungen der österreichisch-ungarischen Monarchie mit dem gesamten Auslande, sowie der an den Verkehr mit demselben sich knüpfenden gewerblichen Interessen. Die Gesellschaft wird überdies nach wie vor der Produktion und gewerblichen Entwicklung der orientalischen und ostasiatischen Länder ihre besondere Aufmerksamkeit zuwenden.
>
> Als Mittel zur Erreichung dieser Zwecke dienen insbesondere:
>
> a) Allgemeine kommerzielle, dann auf den Orient und Ostasien beschränkte kunstgewerbliche und ethnographische Sammlungen unter Verlegung des Schwerpunktes auf die ersteren, deren Zugänglichkeit und Benützung in den Industrie-Zentren des ganzen Reiches, sei es durch partielle temporäre Ausstellungen, sei es durch Aufstellung von Doubletten-Sammlungen in denselben anzustreben ist.
>
> b) Eine Auskunftsstelle für internationale Zoll- und Handelsverhältnisse, Frachtsätze und Verkehrseinrich-

tungen, dann auswärtige öffentliche Lieferungs-Ausschreibungen.

c) Die Bibliothek und Kartensammlung mit Lesezimmern zu deren Benützung.

d) Die Unterhaltung eines steten Verkehres mit den von der Gesellschaft bestellten Korrespondenten, sowie mit wissenschaftlichen, kommerziellen und kunstgewerblichen Instituten, Körperschaften und Vereinen.

e) Das Studium der volkswirtschaftlichen Entwicklung des gesamten Auslandes, sowie der Länderkunde der überseeischen Gebiete.

f) Die Prüfung und Untersuchung von Rohprodukten und Industrie-Erzeugnissen fremder Länder und das Studium einzelner dort üblicher gewerblicher Verfahrungsweisen.

g) Die Veranstaltung von Vorträgen, insbesondere in der Richtung, dass ausser allgemein populären auch Spezial-Vorträge über einzelne geographische Gebiete und Produktionsgruppen gehalten werden.

h) Die Herausgabe von Zeitschriften und anderen Publikationen, welche die Mitteilung und Verbreitung der gewonnenen Erfahrungen und aller die Interessen der Handelswelt berührenden Nachrichten vermitteln sollen.

Die Mittel zur Bestreitung der Auslagen erhält das Museum durch Subventionen des Staates, der Handelskammern, Privatgesellschaften u. s. w. Die Subvention des Handelsministeriums betrug für das Rechnungsjahr 1898 60000 fl., die der niederösterreichischen (Wiener) Handelskammer 5000 fl., die Einnahmen aus Mitgliederbeiträgen betrugen 3100 fl., während die „diversen Empfänge“ mit 17333 fl. gebucht sind. Was die Ausgaben des Museums anlangt, so betrugen diese in dem letzten Jahre 23842 fl. für Gehalte, 9000 fl. für Spesen, 4800 fl. für Publikationen, 3236 fl. für das kommerzielle Informationsbureau.

Der Direktor des Handelsmuseums wird vom Kaiser auf Vorschlag des Handelsministers ernannt.

Die regelmässigen Publikationen des Museums bestehen in der volkswirtschaftlichen Wochenschrift „Das Handelsmuseum" nebst einer kommerziellen Beilage, die die Berichte der österreichischen Konsuln enthält; ferner in der „Österreichischen Monatsschrift für den Orient", speziell für den Handel mit dem Orient, und im „Zollkompass", einer jährlichen Zusammenstellung der Zollsätze der verschiedenen Länder, mit denen die österreichischen Exporteure hauptsächlich Handelsbeziehungen unterhalten. Ausserdem veröffentlicht das Handelsmuseum Gelegenheitsschriften, wie 1894 das wertvolle und nützliche Werk „Orientalische Teppiche".

Das Handelsmuseum unterhält eine lebhafte Korrespondenz mit den bei den meisten österreichischen Handelskammern bestehenden Exportbureaus, einer Einrichtung, durch die die Arbeiten des kommerziellen Auskunftsamtes nicht unwesentlich erleichtert werden. Erwähnenswert ist noch, dass sich das Museum auch mit der Abgabe von Auskünften über Leistungsfähigkeit und Kreditwürdigkeit ausländischer Firmen befasst und ebenso bei der Einziehung ausständiger Forderungen interveniert und zwar, wie es in dem Bericht der letzten Generalversammlung heisst, „in steigendem Masse und mit einem wider Erwarten günstigen Erfolge".

In inniger Verbindung mit dem Handelsmuseum steht die neugegründete Export-Akademie, eine Handelshochschule gross angelegten Stils, von der man sich eine besondere Förderung und vor allem Belebung des zur Zeit recht darniederliegenden, wenig unternehmungslustigen österreichischen Exporthandels verspricht. Die Export-Akademie hat den ausgesprochenen Zweck, „ihren Hörern die Befähigung zu geben, zu Gunsten des österreichischen Aussenhandels höhere kommerzielle Aufgaben im In- und Auslande, namentlich aber auf überseeischen Plätzen übernehmen und dauernd erfüllen zu können.

Sie soll in erster Linie kaufmännisch geschulte, tüchtige Kräfte für den österreichischen Aussenhandel sowie eventuell auch für kommerzielle Aufgaben des Konsulardienstes heranziehen.

Nach Vollendung der Schulung an der Export-Akademie soll aber eine engere Verbindung mit dem k. k. österreichischen Handelsmuseum bestehen bleiben, indem das letztere dafür sorgt, dass die Absolventen zunächst in einem inländischen Handelsunternehmen Unterkunft finden, um sich für einen bestimmten Zweig des österreichischen Aussenhandels auszubilden und dann — unter weiterer Unterstützung des k. k. österreichischen Handelsmuseums — sich im Auslande, beziehungsweise auf einem für den österreichischen Export wichtigen überseeischen Platze in die Dienste des ersteren zu stellen."

Es ist oben (S. 12) von der Nützlichkeit und Notwendigkeit der Entsendung Handelssachverständiger ins Ausland gesprochen worden zur Mitarbeit bei den Konsulaten resp. zur selbständigen Übernahme von Konsulatsposten. Die Heranbildung solcher Sachverständiger scheint die österreichische Regierung mit der Gründung der Export-Akademie anzustreben, deren Studienplan thatsächlich alles enthält, was im stande ist, den zukünftigen Handels-Experten auf seinen Beruf vorzubereiten. Der Studienplan umfasst zwei Jahrgänge und einen einjährigen Vorbereitungs-Kursus. Die Lehrgegenstände sind ausser Sprachen (englisch, französisch, spanisch, italienisch) Finanzwissenschaft, Zollgesetzgebung, Volkswirtschaftspolitik, Handelspolitik, internationale Handelskunde und Handelsgeographie, Warenkunde, Handels- und Gewerberecht einschliesslich Patent- und Markenschutzrecht, internationales Wechsel- und Checkrecht, Verfassungs- und Verwaltungslehren (diplomatische Vertretung im Auslande und Kosulardienst), Statistik, Verschiffungsgeschäft, Grundzüge der Rechtsverfolgung im In- und Auslande, Transport-, Tarif- und Versicherungswesen.

Man sieht, die Ziele, die die österreichische Export-Akademie verfolgt, überschreiten bei weitem die Grenzen, die man sich bei uns mit den geplanten Handelshochschulen gesteckt hat. Dass eine solche Export-Akademie auch in Deutschland, verbunden mit dem zu errichtenden Reichs-Handelsmuseum, ein Ziel wäre, aufs innigste zu wünschen, bedarf keiner weiteren Begründung.

Die Bestrebungen in England.

Obwohl kaum in einem zweiten Lande dem Exporthandel zu seiner Förderung so reichliche Hilfsquellen zur Verfügung stehen, wie in England, fehlt es dort noch immer an einer grossen Handelszentrale. Der Umstand, dass der jahrelange Wunsch der britischen Handelskammern nach Errichtung eines eigenen Handelsministeriums noch immer unerfüllt ist und die Vertretung der Handelsinteressen beim Board of Trade, beim Kolonialamt und beim Commercial Department des Foreign Office ruht, mag vielleicht Schuld daran sein, dass die dahin gehenden Bestrebungen bisher ohne Erfolg geblieben sind. Auch die Hoffnungen, die man auf das Imperial Institute setzte, sind nicht in dem erwarteten Masse in Erfüllung gegangen.

Ein Comité, an dessen Spitze der Prinz von Wales stand, fasste im Herbst 1886 den Gedanken zur Gründung des „Imperial Institute of the United Kingdom, the Colonies and India", das zur Erinnerung an das fünfzigjährige Regierungsjubiläum der Königin Victoria errichtet werden sollte. Es wurden öffentliche Subskriptionen ausgeschrieben, die so reichlich flossen, dass bis 1892 die Summe von 413000 Lstr. zusammengebracht war, wovon 327500 Lstr. für die Errichtung des prächtigen Palastes des Instituts ausgegeben wurden.

Da sich das Imperial Institute in erster Linie die Aufgabe stellte, den Handel zwischen England und seinen Kolonien zu fördern, so umfasste auch die Mustersammlung, die mit dem Institut verbunden ist, vornehmlich Rohstoffe und Fabrikate aus den englischen Kolonien, sowie solche Produkte, die von fremden Ländern nach den englischen Kolonien eingeführt werden. Ein wissenschaftliches Departement zur Analysierung der Rohprodukte und ein Auskunftsbureau zur Erteilung von Ratschlägen für den Handel wurde mit dem Institut verbunden. Seit 1892 giebt das Institut auch das „Year Book" heraus, das wertvolle Angaben über den wirtschaftlichen Zustand der englischen Kolonien bringt, sowie der fremden Länder und seit 1895 durch ein neues Unternehmen, das monatlich erscheinende „Imperial Institute Journal" ersetzt wird.

Trotz der unleugbaren Vorteile, die das Imperial Institute dem englischen Handel bringt, muss doch gesagt werden, dass es die grossen Pläne, die bei seiner Gründung verkündet wurden, nur teilweise ausgeführt hat, und dass es für die grosse englische Handelswelt nicht das geworden ist, was man sich versprochen hatte. Das Imperial Institute ist nie so recht populär geworden, und die praktischen Erfolge sind vielfach auch ausgeblieben. Das mag in erster Linie daran liegen, dass an seiner Spitze Leute standen, die sich in das Comité wählen liessen, weil der Prinz von Wales der Protektor des Unternehmens war, denen aber die eigentlichen Interessen des Instituts herzlich gleichgiltig waren. Und alle noch so schönen Worte vermögen an der bedauerlichen Thatsache nichts zu ändern, dass das mit so grossen Mitteln ins Leben gerufene Unternehmen eigentlich einen Fehlschlag bedeutet, und dass die Vorteile, die es dem britischen Exporthandel bringt, in keinem Verhältnis stehen zu den Kosten, die für das Unternehmen aufgebracht sind.

Es wurde deshalb auch schon vor zwei Jahren vom Board of Trade der Plan der Gründung eines eigenen „Commercial Intelligence Department" ins Auge gefasst. Und wie sehr der Plan, eine solche kommerzielle Auskunftsstelle zu gründen, Beifall fand selbst in einem Lande, in welchem das Zutrauen auf die Selbsthilfe so stark ausgeprägt ist, wie in England, das bewiesen die Antworten der englischen Handelskammern auf das im August 1897 vom Board of Trade ergangene Rundschreiben, das sie zur Meinungsäusserung in dieser Sache aufforderte. Von den 93 englischen Handelskammern, die gefragt waren, ging ausführliche Antwort von 51 Kammern ein, und von diesen sprachen sich nur vier über den Nutzen einer solchen Exportzentrale zweifelnd aus, während die übrigen 47 Handelskammern die Notwendigkeit und Nützlichkeit einer solchen Einrichtung voll anerkannten.

Die Thätigkeit der neuen Auskunftsstelle soll bestehen

a) im Sammeln von Material von allgemeinem kommerziellen Interesse, das von dem Foreign Office, dem Colonial Office, dem India Office, dem Board of Trade, dem Generalagenten für die Kolonien, den Handelskammern, dem Imperial Institute, den Berichten von Spezial-Korrespondenten, von Zeitungen usw. geliefert wird;

b) in Beantwortung von kommerziellen Fragen aller Art entweder mündlich, oder schriftlich, oder durch Hinweis auf frühere kommerzielle oder statistische Veröffentlichungen;

c) im Zuweisen derjenigen Fragesteller, die eine spezielle Auskunft wünschen, an die zuständige Stelle, an das Commercial Department des Foreign Office, an das Office einer besonderen Kolonie, einer besonderen Handelskammer usw.

Eine weitere wesentliche Aufgabe des Commercial Intelligence Department soll in einer Redaktion der Konsularberichte bestehen. Namentlich soll das, was die verschiedenen Berichte über einen bestimmten Artikel bringen, zusammengestellt und so zur Kenntnis der betreffenden Interessenten gebracht werden. Klagen über die Konsulatsberichte sind in England nicht weniger an der Tagesordnung wie in Deutschland. Auch das „Board of Trade Journal", das monatlich die Berichte der englischen Konsuln bringt, findet bei den englischen Geschäftsleuten meist nicht viel mehr Anklang, als das „Handelsarchiv" in Deutschland. Dem praktischen Gebrauch entspricht mehr das wöchentliche „Consular Journal", das seit Mai 1898 in London erscheint (Editor F. C. Barley) und die Konsularberichte in einer für das kaufmännische Publikum prakterischeren Form zusammenfasst.

Auskünfte soll das Commercial Intelligence Department erteilen über folgende Gegenstände: Tarife, Steuern, Hafengebühren, Tonnengelder und sonstige Schiffslasten, fremde und koloniale Gesetze, soweit sie sich auf Zolltarife oder Klassifikation der Zollsätze beziehen, Entscheidungen in Zollstreitigkeiten, Zollregulation, Konsulatsgebühren, Ursprungszeugnisse in fremden Ländern, fremde Masse und Gewichte,

Kurs- und Währungsveränderungen, Frachtsätze und Versicherungsprämien, Bestimmungen über Handlungsreisende, Kreditverhältnisse, Handelslizenzen, fremde Submissionen, Dampfersubventionen, Ausfuhrprämien, Thätigkeit ausländischer Auskunftsstellen und Handelsmuseen, Verkehrsmittel, Erntestand, neue Wege für den Exporthandel, insbesondere in den Kolonien.

Mit dem Auskunftsamt soll eine Sammlung ausländischer Fabrikate verbunden sein, über deren Preis, Verbreitung, Verpackung usw. ebenfalls Auskunft erteilt wird.

Die Vorarbeiten sind soweit gediehen, dass die Auskunftsstelle als Commercial Intelligence Department des Board of Trade noch vor Ablauf des Jahres 1899 in Thätigkeit treten soll.

Sonstige Handelsmuseen.

Von all den sonstigen zahlreichen Handelsmuseen, die noch im Ausland bestehen, ist von Bedeutung nur das Musée commercial in Brüssel. Es ist eine völlig offizielle Einrichtung, die dem Ministerium des Äusseren untersteht und 1882 gegründet wurde mit dem ausgesprochenen Zweck, den Aussenhandel Belgiens zu fördern, dadurch, dass die belgischen Exporteure über die Handelsbeziehungen des Auslandes auf dem Laufenden erhalten werden. Der Zweck des Museums ist: 1. Mustersammlung von Auslandsprodukten, 2. Auskunftsstelle für Fragen betreffend den Aussenhandel, 3. Veröffentlichung der offenen Submissionen im Auslande, 4. Bibliothek, 5. Herausgabe der kommerziellen Wochenschrift „Bulletin Commercial". Das Museum unterhält direkte Beziehungen zu den belgischen Konsuln und den Agenten des auswärtigen Dienstes. Die Zahl der Besucher des Museums betrug 13567 im Jahre 1884, 23203 im Jahre 1889, 38124 im Jahre 1893 und 41101 im Jahre 1898. Die Ausgaben für das Museum sind auf jährlich 20000 Frcs. exklusive Miete und Gehälter angesetzt. Die Gehälter für die 12 Beamten belaufen sich auf 40000 Frcs. Seit 1894 ist mit dem Museum auch ein Musée agricole für landwirtschaftliche Fragen verbunden. Ein Hauptvorzug des Brüsseler Museums besteht in der Herausgabe vorzüglicher Kataloge über die Sammlungen, die dem Interessenten ein schnelles Orientieren ermöglichen.

Die beiden anderen belgischen Handelsmuseen, das in Antwerpen, gegründet 1886 von der Stadt, und das in Liége, gegründet in demselben Jahre von der dortigen Handelskammer, sind von geringer Bedeutung.

Frankreich besitzt in 22 Städten Handelsmuseen, von denen nur die in Lille und Rouen allenfalls erwähnenswert sind. Im ganzen ist aber der Wert der französischen Handelsmuseen recht gering anzuschlagen.

Italien hat Handelsmuseen in Turin (gegr. 1884 vom Handelsministerium, übernommen am 1. Juli 1894 von der Handelskammer in Turin), Mailand (gegr. 1884 von der Handelskammer), Palermo (gegr. 1890 von der Handelskammer) und Rom (gegr. 1891, steht unter dem offiziellen Schutz des italienischen Konsularcorps). Ausser zahlreichen Handelskammern im Ausland hat Italien noch zur Förderung seines Exports das Institut der „ausländischen Agenturen für den italienischen Handel" eingerichtet, deren erste 1893 in Belgrad errichtet wurde. Diese Agenturen, die von dem Staat subventioniert werden, befassen sich mit dem Verkauf der in den Agenturen ausgestellten Industrieprodukte italienischer Exporteure. Die Einrichtung hat sich nicht besonders bewährt und ist auch von keinem anderen Staate nachgeahmt worden.

Ungarn hat ein Gegenstück zu dem Handelsmuseum in Wien in dem Budapester Handelsmuseum (Kereskedelmi Museum), errichtet 1887. Das Museum arbeitet mit reichen Mitteln, wird vom Staate subventioniert, besitzt eine grosse Mustersammlung und ein Auskunftsbureau, für welch letzteres der Staat in den letzten Jahren einen Zuschuss von 10000 fl. leistete. Das Museum veröffentlicht die kommerzielle Wochenschrift Kereskedelmi Köslemények, die an mehr als 4000 Interessenten gratis versandt wird. Eigene Agenturen hat das Museum in Serajewo, Belgrad, Bukarest, Sofia, Philippopel, Rustschuk, Constantinopel, Salonik. Es korrespondiert direkt mit den österreichisch-ungarischen Vertretern im Auslande, vermag aber die Bedeutung des Wiener Handelsmuseums nicht entfernt zu erreichen.

Holland hat ein Kolonial-Museum in Haarlem, das der Förderung der Handelsbeziehungen zwischen den niederländischen Kolonien und dem Mutterlande dient. Es wurde 1871 von der Niederländischen Industrie-Gesellschaft gegründet und wird vom Staat und von der Stadt Haarlem subventioniert. Das Museum in Haarlem mit seinen ausgedehnt ethnographischen Sammlungen hat für den niederländischen Handel nicht den praktischen Wert, wie das Handelsmuseum in Amsterdam, das 1883 aus Privatmitteln gegründet wurde.

Portugal hat zwei Handelsmuseen in Lissabon und Oporto, beide 1883 durch königliches Dekret errichtet. Die Museen hatten anfänglich das Recht, direkt mit den Konsuln und diplomatischen Vertretern Portugals im Ausland zu korrespondieren, ein Recht, das ihnen aber 1888 wieder entzogen wurde.

Schweden besitzt eine Exportvertretung in der Sveriges Allmänna Exportförening in Stockholm, errichtet 1887, korrespondiert direkt mit den Vertretern Schwedens im Auslande.

Auch die Türkei verfügt über ein Handelsmuseum in Constantinopel, das 1891 errichtet wurde.

Ausserdem ist vor wenigen Monaten in Athen eine „Gesellschaft der Handelsmuseen des Orients" gegründet worden, die ein Handelsmuseum in Athen errichtet hat und ähnliche Gründungen in Smyrna, Alexandrien, Salonik usw. plant, um den Levantehandel zu fördern. Der Prospekt, den die Gesellschaft versendet, verspricht sehr viel, fast zu viel, als dass man diesem ganz privaten Unternehmen vorurteilslos gegenübertreten könnte.

Ferner bestehen sog. Handelsmuseen in Tanger, Oran, Bukarest, Sofia, Belgrad, in Quebek, Guadalajara (Mexiko), Montevideo, Sydney, Melbourne, in Tokio, Osaka, und jetzt soll man, wie die neueste Nummer des „Ostas. Lloyd" meldet, sogar in — China mit dem Gedanken der Gründung solcher Handelsmuseen umgehen.

Es ist natürlich verkehrt, aus der Existenz all dieser zahlreichen Handelsmuseen irgendwelche Schlüsse ziehen und zeigen zu wollen, wie sehr uns das Ausland in dieser Beziehung „über" ist. Die meisten dieser Museen führen ein sehr fragwürdiges Dasein, ein beschauliches Stillleben, und ihr Nutzen für den Exporthandel dürfte ein ganz minimaler sein.

Dass man auch die sog. Handelsmuseen, die in Deutschland an verschiedenen Plätzen bestehen, ruhig mit Stillschweigen übergehen kann, habe ich bereits bemerkt. Von all den Einrichtungen, die Deutschland zur Förderung des Exporthandels besitzt, haben sich Bedeutung eigentlich nur zwei zu verschaffen vermocht: das „Export-Musterlager" in Stuttgart mit seiner grossen Filiale in Hamburg und der „Export-Verein für das Königreich Sachsen" in Dresden.

Das Export-Musterlager in Stuttgart wurde 1882 von württembergischen Industriellen in der Absicht gegründet, den Absatz von Industrieprodukten Württembergs ausserhalb Württembergs zu heben. Diese Aufgabe verfolgt die Gesellschaft vermittelst des in Stuttgart errichteten und durch die Organe der Gesellschaft verwalteten Musterlagers, in welchem Gesellschafts-Mitglieder ihre Gewerbeerzeugnisse ausstellen, ferner durch Vermittlung von Warenverkäufen auf Rechnung und Gefahr der Aussteller, durch Anfertigung und Verbreitung von Katalogen des Musterlagers und durch entsprechende Beratung der Mitglieder in allen auf das Exportwesen bezüglichen Angelegenheiten. Die Mitglieder zahlen einen Jahresbeitrag von 25 Mk., wofür ihnen im Exportlager ein Raum von einem Quadratmeter Grund- oder Wandfläche unentgeltlich zur Verfügung gestellt wird. Für weiteren beanspruchten Raum wird eine besondere Platzmiete erhoben. Ferner haben die Mitglieder das Recht auf Einräumung eines bestimmten Zeilenraumes in dem von der Gesellschaft herausgegebenen Katalog sowie Anspruch auf die Vermittlung von Warenverkäufen für ihre Rechnung und Gefahr und auf Beratung und Unterstützung in allen Exportangelegenheiten. Es wird Vorsorge getroffen, dass die deponierten Muster nicht zur Kenntnis von Konkurrenten der Aussteller gelangen; dies gilt auch für den Fall, dass Konkurrenten Gesellschaftsmitglieder sind. Für die Geschäftsvermittlung und Zuweisung fremder Käufer wird die zu zahlende Gebühr zwischen dem Direktor des Export-Musterlagers und den Ausstellern vereinbart. Dies gilt auch für die Gebühr, welche für alle späteren direkt oder indirekt einlaufenden Aufträge solcher Käufer, bei denen die Verbindung durch das Export-Musterlager eingeleitet wurde, zu entrichten ist.

Die Gesamtzahl der dem Musterlager einschliesslich der Hamburger Filiale in den letzten Jahren erteilten Aufträge betrug 2433 in 1896, 2328 in 1897 und 2540 in 1898. Verluste kamen nicht vor, da an dem Prinzip der Kassaregulierung festgehalten wurde. Die Gesellschaft, die etwa 450 Mitglieder zählt, unterhält eigene Agenten in Sofia, Rustschuk, Beirut, Belgrad, Salonik, Athen und Antwerpen. Kataloge wurden im letzten Geschäftsjahre 50 versandt, die Gesamtzahl der bis jetzt versandten Kataloge beträgt 9625.

Der Export-Verein für das Königreich Sachsen, gegründet 1885, ist eine Vereinigung von ca. 500 Firmen der verschiedensten Industriezweige an ca. 120 Plätzen Sachsens und Thüringens zur Förderung des Absatzes ihrer Erzeugnisse nach dem Auslande.

Zur Erreichung dieses Zweckes dienen zunächst folgende Mittel bezw. Einrichtungen:

1. Das Zentral-Bureau mit Export-Musterlager in Dresden;
2. Zweig-Bureaux mit oder ohne Musterlager und Agenturen in anderen kontinentalen und überseeischen Städten;
3. die Erteilung von Auskünften über alle das Exportwesen betreffenden Angelegenheiten an die Mitglieder;
4. Die Ansammlung von Qualitätsmustern fremdländischer, im Auslande besonders begehrter Fabrikate, sowie ausländischer für den deutschen Markt geeigneter Rohprodukte und Halbfabrikate;
5. die provisionsweise Vermittlung von Warenverkäufen für Rechnung und auf Gefahr der Mitglieder;
6. die Besorgung des provisionsweisen Einkaufes fremder Rohprodukte und Fabrikate für Rechnung einzelner oder mehrerer Mitglieder.

Der Jahresbeitrag der Mitglieder beträgt 25 Mk. Was das Auskunftswesen anlangt, so wurden im letzten Geschäftsjahre 1898 im ganzen 811 schriftliche Auskünfte an die Mitglieder in Exportangelegenheiten erteilt. Einen besonderen Erfolg erzielte der Verein durch die Entsendung von Kollektiv-Reisenden ins Ausland. Diese Reisenden besuchten, zum Teil wiederholt, Nord-, Mittel- und Süd-Amerika, Westindien, Ostasien, den europäischen und asiatischen Orient, Russland, Egypten, Südafrika und Ostindien. Der von dem Verein herausgegebene viersprachige „Führer durch die sächsisch-thüringische Export-Industrie" ist in Bezug auf Anordnung und Übersichtlichkeit das Muster eines Exportkatalogs.

Das deutsche Handelsmuseum.

In dem Schreiben, welches der damalige deutsche Botschafter in Washington Freiherr v. Thielmann am 18. Juni 1897 an die Ältesten der Berliner Kaufmannschaft richtete und in dem zum erstenmal von offizieller Seite auf die Vorzüge des Handelsmuseums zu Philadelphia hingewiesen wurde, hiess es zum Schluss, dass eine ähnliche Einrichtung für Deutschland vielleicht an eines der bestehenden Handelsmuseen bezw. Musterlager angegliedert werden könnte. Eine solche Angliederung indessen ist durchaus nicht zu empfehlen. Denn keine der bestehenden Einrichtungen in Deutschland erscheint mir gut genug, um als Fundament für die neu zu errichtende deutsche Reichshandelsstelle zu dienen. Eine Angliederung an irgend ein Handelsmuseum erscheint schon deshalb ausgeschlossen, weil die meisten dieser Museen zugleich ethnographischen und kunstgewerblichen Zwecken dienen und das neue deutsche Handelsmuseum von vornherein alles Kunstgewerbliche und Ethnographische aus seinen Sammlungen streng auszuscheiden hat. Es würde dadurch den bestehenden Museen eine Art Konkurrenz entstehen, was nicht erwünscht ist, und es würde fernerhin ein Verstoss sein gegen den vornehmsten Grundsatz des neuen Handelsmuseums: mit seinen Sammlungen lediglich praktische, der Hebung des Exports dienende Ziele zu verfolgen. Und eine Anlehnung an eines der bestehenden Exportmusterlager ist noch weniger angängig, da die Mustersammlung des Reichs-Handelsmuseums ja von ganz andern Gesichtspunkten geleitet werden soll, als die Sammlungen der Exportmusterlager. Die Exportmusterlager bilden eine Zusammenfassung der in Deutschland hergestellten und zumeist von Deutschland bereits nach dem Auslande exportierten Fabrikate und dienen in erster Linie der Bequemlichkeit des ausländischen Käufers, der an der Hand der Sammlung über die ihn interessierenden Industrieprodukte sich ein Urteil bilden kann, das er sonst erst nach dem zeitraubenden und kostspieligen Besuch von Dutzenden von Fabriken hätte erlangen können. Das neue Reichs-Handelsmuseum indessen, das in erster Linie dem inländischen Exporteur dienen will, schliesst die Aufnahme von inländischen Fabrikaten in seine Sammlung von vornherein aus, schon um den inländischen Fabrikanten nicht im Inlande selber eine Konkurrenz entstehen zu lassen. Denn im Gegensatz zu den Exportmusterlagern, deren Leiter dafür Sorge tragen können, dass die ausgestellten Muster nicht den Konkurrenten der Aussteller zugängig gemacht werden, soll das deutsche Reichs-Handelsmuseum der weitesten Öffentlichkeit zugänglich sein. Irgendwelche Konkurrenzbedenken fallen sofort weg, wenn das Museum stets dem Grundsatz treu bleibt, nur Rohstoffe auszustellen und solche Fabrikate, die das Ausland nach dem Auslande exportiert, um den deutschen Industriellen zur Verarbeitung der Rohstoffe und Halbfabrikate und zur Nachahmung der ausländischen Fabrikate anzuregen. Dadurch fällt auch der oft gehörte Einwand, dass das Reichs-Handelsmuseum den Exportlagern Konkurrenz machen würde, völlig weg. Die Exportmusterlager können im Gegenteil neben dem Handelsmuseum sehr wohl bestehen. Ihre weitere Ausbreitung ist nur zu wünschen, bilden sie doch zu dem Reichsmuseum eine wertvolle Ergänzung.

Ebenso wenig wie von einer Angliederung des Reichs-Handelsmuseums an eine der bestehenden Einrichtungen die Rede sein kann, kann dem bereits hervorgetretenen Gedanken stattgegeben werden, das eine oder andere der bestehenden Handelsmuseen, das sich eine solche Annexion gefallen lässt, dem Zentralmuseum anzugliedern. Gerade die Museen, die leichten Herzens auf ihre jetzige Selbständigkeit verzichten, werden zu den mindestwertigen ihrer Gattung gehören. Ihre Sammlungen werden für das neue Reichs-Handelsmuseum nur einen Ballast bilden, besonders wenn, was wahrscheinlich ist, an ihre Übergabe die Bedingung geknüpft ist, dass sie in der Form erhalten bleiben, in der sie übergeben worden sind. Wenn dem Reichs-Handelsmuseum nicht das Recht zusteht, das, was ihm für seine Zwecke geeignet erscheint, auszuwählen, und den unnützen Ballast über Bord zu werfen, thut man besser, für alle die freundlichen Anerbieten dieser Art bestens zu danken.

Das deutsche Reichs-Handelsmuseum muss eben etwas von Grund auf neues sein, und auch mit der Ansicht, dass es sich aus „kleinen Anfängen heraus entwickeln" könne, muss von vornherein gebrochen werden. Eine so umfassende Institution wie das Reichs-Handelsmuseum muss von Anfang an mit grossen Mitteln arbeiten, die es in den Stand setzen, so vor das Publikum zu treten, dass auch die Zweifler an seiner Nützlichkeit bekehrt werden. Jede Knauserei ist verkehrt und nur geeignet, das Unternehmen von vornherein in den Augen der Öffentlichkeit zu diskreditieren. Stellen sich nur erst einmal der deutsche Handelstag und der Zentralverband deutscher Industrieller dem Unternehmen günstig gegenüber, so dürfte es nicht schwer fallen, die für den Anfang nötigen grösseren Mittel aufzubringen. Es ist selbstverständlich, dass das Reichs-Handelsmuseum nicht vom ersten Tage an alle Erwartungen befriedigt. Es werden Jahre vergehen, bis der weitverzweigte Apparat in allen seinen Teilen so funktioniert, dass er dem Exporthandel wirklichen Nutzen gewährt. Aber wir sind in der angenehmen Lage, nicht nutzlos experimentieren zu brauchen, indem wir einfach die Einrichtungen, die sich im Auslande bewährt haben, nachahmen können.

Dass unsere Reichsregierung zu einer grösseren Subvention bereit ist, sobald erst einmal von privater Seite die Angelegenheit in Angriff genommen ist, darüber darf nach den verschiedentlichen offiziösen Pressäusserungen kein Zweifel bestehen. Die Regierung will nur nicht den ersten Schritt thun, wie der Vertreter des preussischen Handelsministers auf der letzten Jahresversammlung des Bundes der Industriellen ausdrücklich betonte. Man ist sich in Regierungskreisen wohl bewusst, dass das Reichs-Handelsmuseum keine offizielle Reichsstelle sein kann, sondern ein Privatunternehmen mit staatlicher Unterstützung bleiben muss. Und wenn wir sehen, wie das private Handelsmuseum in Philadelphia bestens floriert während das offizielle Handelsmuseum in Wien mit seiner bureaukratischen Geschäftsführung nicht den rechten Erfolg zeigt, so können wir diesem Grundsatz nur zustimmen.

Mit erheblichen Kosten verknüpft würde anfänglich nur die Einrichtung der Mustersammlung sein. Soll die Mustersammlung ihren Zweck voll erfüllen, so darf sie sich nicht aus den gelegentlichen Zuwendungen von Kaufleuten zusammensetzen. Es müsste dabei das Prinzip festgehalten werden, das bei dem Brüsseler Handelsmuseum mit Erfolg angewandt wurde: die Muster nach bestimmten Gesichtspunkten von den Konsuln, bezw. besonders dazu Beauftragten ankaufen zu lassen. Ob mit dem Handelsmuseum eine wissenschaftliche Abteilung zur Untersuchung der Rohstoffe usw. verbunden sein soll, wie in Philadelphia, erscheint mir von sekundärer Bedeutung. Dagegen würde auf die Anschaffung einer reichhaltigen Bibliothek der einschlägigen Handelsliteratur nicht verzichtet werden können, schon nicht wegen der Abhängigkeit des kommerziellen Auskunftsbureaus von dieser Bibliothek. Das Sammeln und Registrieren von wichtigen Zeitungsartikeln nach dem Muster des Zettelkatalogs von Philadelphia erscheint mir dabei besonders wichtig.

Das kommerzielle Auskunftsamt, auf dessen Thätigkeit das Hauptgewicht zu legen ist, würde imstande sein, einen grossen Teil der Kosten des Reichs-Handelsmuseums zu decken. Heute ist es dem Kaufmann in vielen Fällen überhaupt nicht möglich, sich die gewünschte Auskunft zu verschaffen, und wenn er sie erhält, so ist die Auskunft oft mit grossen Kosten und in der Regel mit einem grossen Zeitverlust verknüpft. Das Auskunftsamt wird, besonders wenn es eine mehrjährige Erfahrung hinter sich hat, in der weitaus überwiegenden Zahl der Fälle imstande sein, die gewünschte Auskunft direkt zu erteilen, und dem Fragesteller würde dadurch ein Zeitverlust erspart bleiben, der für ihn oft von unberechenbarem Nachteil ist. Er wird deshalb gern bereit sein, für die prompte Antwort des Auskunftsamtes einen Satz zu zahlen, der für ihn selber kaum nennenswert ist, der aber für das Handelsmuseum in Anbetracht der grossen Zahl der eingehenden Fragen eine recht beträchtliche Einnahmequelle bildet.

Es ist selbstverständlich, dass für die Grosskaufleute, die ein ganz bestimmtes Absatzfeld haben und innerhalb desselben durch ihre Jahrzehnte lange Thätigkeit eine Art Monopol ausüben, der Nutzen eines Reichs-Handelsmuseums nicht der gleiche sein wird, wie für den kleinen Exporteur, besonders aber für den Neuling, der den ersten Schritt auf den Weltmarkt hinaus thut. Gerade ihm kann das Handelsmuseum mit Rat und That zur Seite stehen und vor so manchem unüberlegten Experiment und empfindlichen Verluste bewahren. Die Zeiten, wo der Welthandel in den Händen Einzelner lag, sind vorbei. Der ungeahnte Aufschwung der modernen Verkehrsmittel hat es bewirkt, dass jetzt die Allgemeinheit an dem Welthandel partizipiert, dass sich tausende und aber tausende kleiner Kräfte seiner bemächtigt haben, deren Thätigkeit nicht minder gering anzuschlagen ist, als die unsrer grossen Handelspioniere. Und sie zu unterstützen, ihnen helfend zur Seite zu stehen in dem schweren Konkurrenzkampf mit dem Ausland, das soll eine der vornehmsten Aufgaben des neuen deutschen Reichs-Handelsmuseums sein.

Hamburg, September 1899.

A. W. Hayn's Erben, Berlin und Potsdam.

FSC
www.fsc.org
MIX
Papier | Fördert gute Waldnutzung
FSC® C083411

Kolibri 360 GmbH
Ferdinand-Jühlke-Straße 7
99095 Erfurt, Deutschland
produktsicherheit@kolibri360.de